AF205562

Impressum
Verlag: BABADADA GmbH, Nedderfeld 112 , 22529 Hamburg
Geschäftsführer / Verlagsleitung: Harald Hof
Druck: Books on Demand GmbH, In de Tarpen 42, 22848 Norderstedt

Imprint
Publisher: BABADADA GmbH, Nedderfeld 112 , 22529 Hamburg, Germany
Managing Director / Publishing direction: Harald Hof
Print: Books on Demand GmbH, In de Tarpen 42, 22848 Norderstedt, Germany

škola
škola

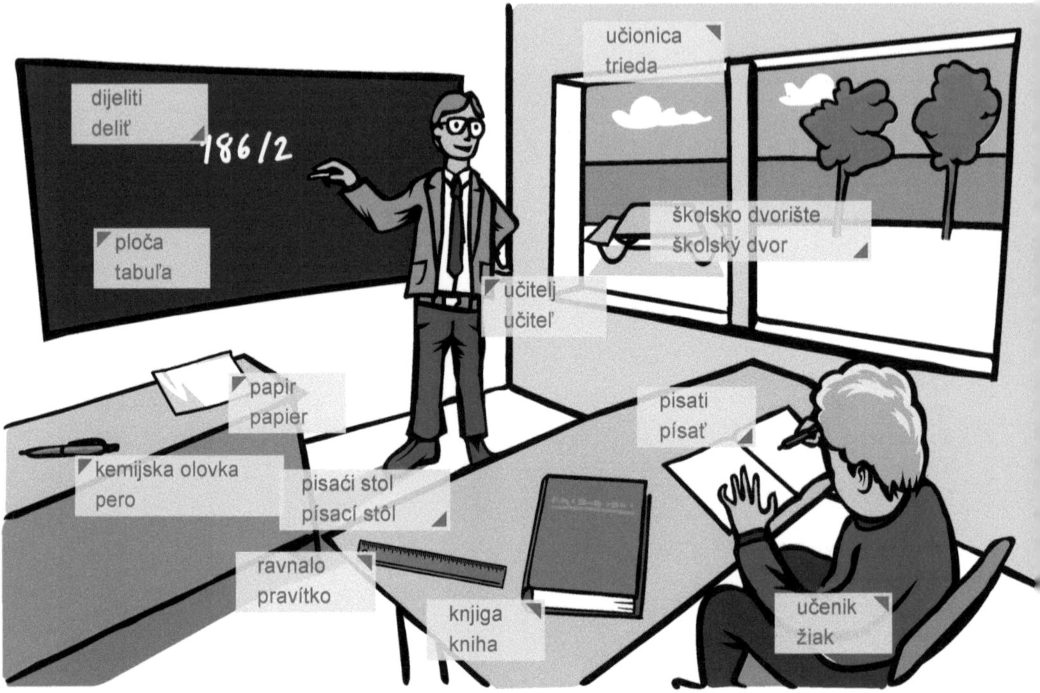

učionica
trieda
dijeliti
deliť
186/2
školsko dvorište
školský dvor
ploča
tabuľa
učitelj
učiteľ
papir
papier
pisati
písať
kemijska olovka
pero
pisaći stol
písací stôl
ravnalo
pravítko
knjiga
kniha
učenik
žiak

torba
školská taška

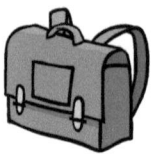

pernica
peračník

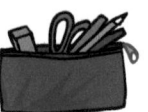

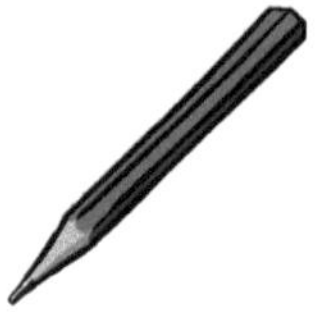

grafitna olovka
ceruza

šiljilo za olovke
strúhadlo na ceruzky

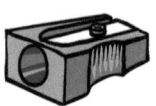

gumica za brisanje
guma

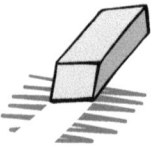

blok za crtanje
skicár

crtež

kresba

kist

štetec

kutija s bojama

vodové farby

makaze

nožnice

ljepilo

lepidlo

bilježnica

cvičný zošit

domaći zadatak

domáca úloha

broj

číslo

2+2

sabirati

sčítať

5-2

oduzimati

odčítať

množiti

násobiť

računati

počítať

A

slovo

písmeno

abeceda

abeceda

riječ

slovo

tekst

text

čitati

čítať

kreda

krieda

sat

hodina

dnevnik

triedna kniha

ispit

skúška

svjedodžba

certifikát

školska uniforma

školská uniforma

obrazovanje

vzdelanie

leksikon

encyklopédia

sveučilište

univerzita

mikroskop

mikroskop

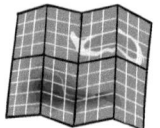

karta

mapa

košara za papir

kôš na papier

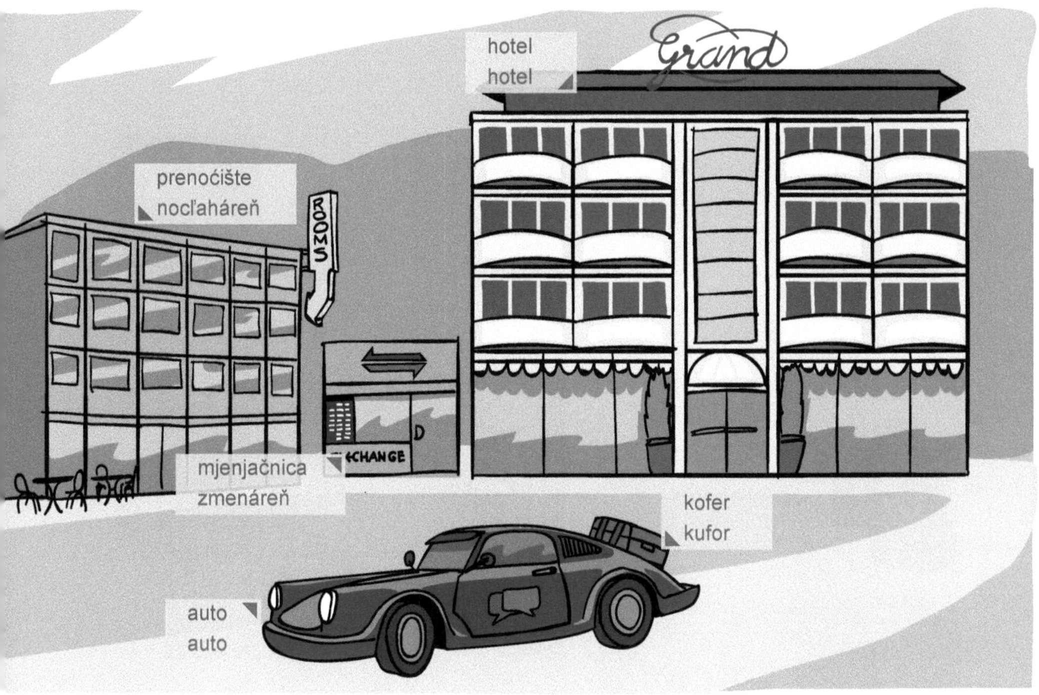

hotel
hotel
Grand
prenoćište
nocľaháreň
ROOMS
mjenjačnica
zmenáreň
EXCHANGE
kofer
kufor
auto
auto

jezik

jazyk

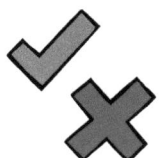

da / ne

áno/nie

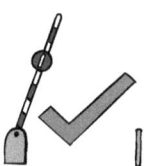

okay

v poriadku

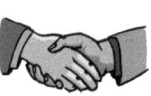

zdravo

ahoj

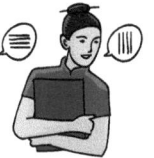

prevoditelj

prekladateľ

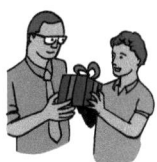

hvala

ďakujem

Koliko košta...?

Koľko stojí ... ?

ne razumijem

Nerozumiem

problem

problém

dobro veče!

Dobrý večer!

Dobro jutro!

Dobré ráno!

Laku noć!

Dobrú noc!

doviđenja

Dovidenia

smjer

smer

prtljaga

batožina

torba

taška

ruksak

batoh

gost

hosť

soba

izba

vreća za spavanje

spacák

šator

stan

turističke informacije

informácie pre turistov

plaža

pláž

kreditna kartica

kreditná karta

doručak

raňajky

ručak

obed

večera

večera

karta za vožnju

cestovný lístok

dizalo

výťah

poštanska markica

poštová známka

granica

hranica

carina

clo

ambasada

veľvyslanectvo

viza

vízum

putovnica

cestovný pas

transport
doprava

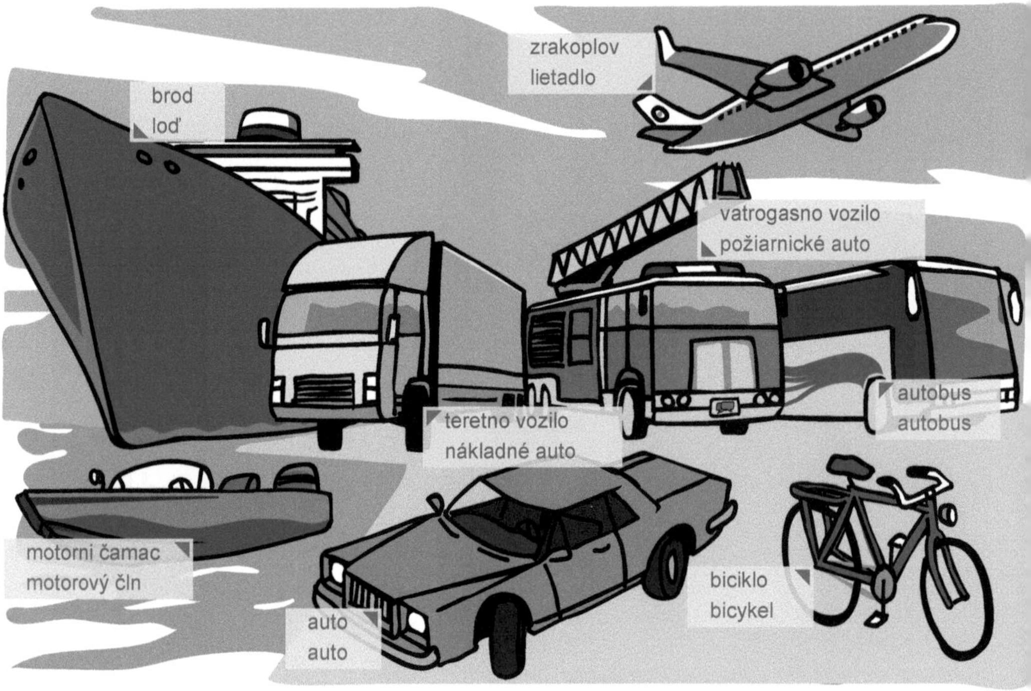

zrakoplov
lietadlo
brod
loď
vatrogasno vozilo
požiarnické auto
autobus
autobus
teretno vozilo
nákladné auto
motorni čamac
motorový čln
biciklo
bicykel
auto
auto

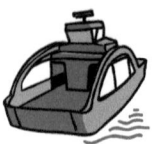

trajekt

trajekt

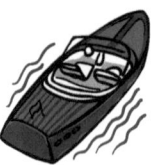

čamac

loď

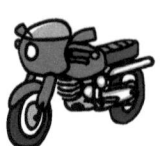

motocikl

motorka

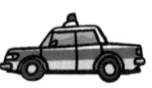

policijski auto

policajné auto

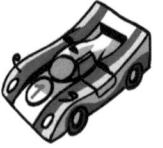

trkaći auto

pretekárske auto

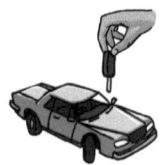

iznajmljeno auto

vozidlo z požičovne

dijeljenje automobila

carsharing

vučno vozilo

odťahové auto

vozilo za odvoz smeća

smetiarske auto

motor

motor

benzin

benzín

benzinska postaja

čerpacia stanica

prometni znak

dopravná značka

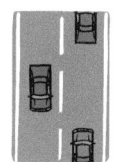

promet

premávka

zastoj

zápcha

parkiralište

parkovisko

kolodvor

vlaková stanica

šine

trate

vlak

vlak

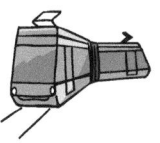

tramvaj

električka

vagon

vagón

transport - doprava

helikopter

helikoptéra

zrakoplovna luka

letisko

toranj

veža

putnik

pasažier

kontejner

kontajner

karton

kartón

kolica

vozík

košara

kôš

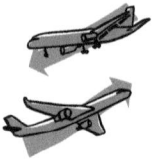

uzletjeti / sletjeti

štartovať / pristáť

grad

mesto

selo

dedina

centar grada

centrum mesta

kuća

dom

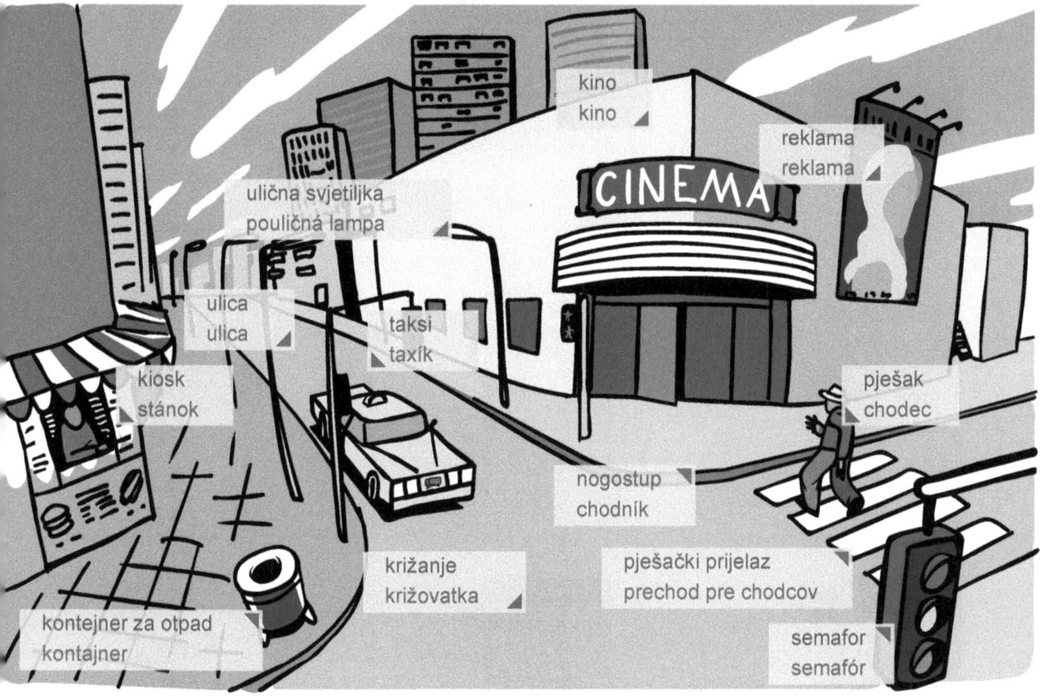

kino
kino

reklama
reklama

ulična svjetiljka
pouličná lampa

CINEMA

ulica
ulica

taksi
taxík

pješak
chodec

kiosk
stánok

nogostup
chodník

križanje
križovatka

pješački prijelaz
prechod pre chodcov

kontejner za otpad
kontajner

semafor
semafór

koliba
chata

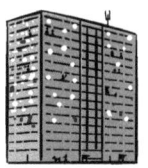

stan
byt

kolodvor
vlaková stanica

vijećnica
radnica

muzej
múzeum

škola
škola

sveučilište	banka	bolnica
univerzita	banka	nemocnica

hotel	ljekarna	ured
hotel	lekáreň	kancelária

knjižara	prodavaonica	cvjećara
kníhkupectvo	obchod	kvetinárstvo

supermarket	trg	robna kuća
supermarket	trh	obchodný dom

ribarnica	trgovački centar	luka
obchodník s rybami	nákupné stredisko	prístav

grad - mesto

park
park

klupa
lavička

most
most

stepenice
schody

podzemna željeznica
metro

tunel
tunel

autobusna stanica
autobusová zastávka

bar
bar

restoran
reštaurácia

poštansko sanduče
poštová schránka

ulični znak
tabuľa s názvom ulice

parkirni sat
parkovacie hodiny

zoološki vrt
ZOO

bazen
plaváreň

džamija
mešita

seosko gazdinstvo

farma

zagađenje okoliša

znečisťovanie životného prostredia

groblje

cintorín

crkva

kostol

igralište

ihrisko

hram

chrám

krajolik
terén

list
list

putokaz
smerová tabuľa

put
cesta

livada
lúka

kamen
kameň

šetač
turista

drvo
strom

rijeka
rieka

trava
tráva

cvijet
kvet

dolina
dolina

planina
kopec

jezero
jazero

šuma
les

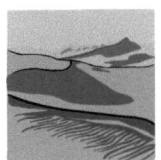

pustinja
púšť

vulkan
vulkán

dvorac
zámok

duga
dúha

gljiva
hríb

palma
palma

moskito
komár

muha
mucha

mrav
mravec

pčela
včela

pauk
pavúk

buba

chrobák

žaba

žaba

vjeverica

veverička

jež

jež

zec

zajac

sova

sova

ptica

vták

labud

labuť

divlja svinja

diviak

jelen

jeleň

los

los

nasip

hrádza

vjetrenjača

veterná turbína

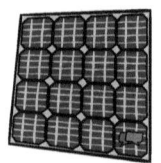

solarna ploča

solárny panel

klima

podnebie

restoran
reštaurácia

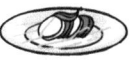

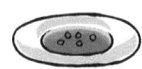

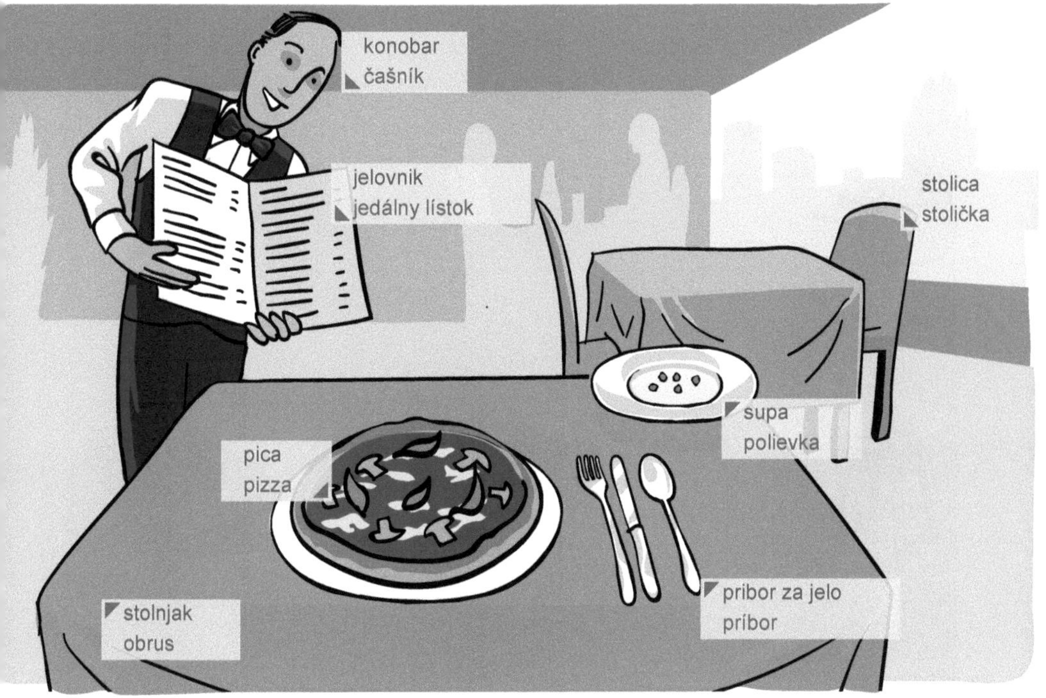
konobar
čašník
jelovnik
jedálny lístok
stolica
stolička
supa
polievka
pica
pizza
pribor za jelo
príbor
stolnjak
obrus

predjelo

predjedlo

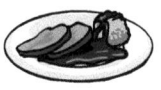

glavno jelo

hlavné jedlo

desert

zákusok

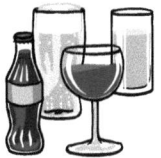

napitci

nápoje

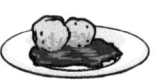

jelo

jedlo

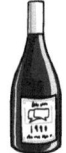

boca

fľaša

fastfood
fast-food

imbis hrana
street food

čajnik
kanvica na čaj

doza za šećer
cukornička

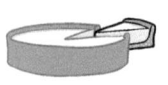

porcija
porcia

aparat za espresso
stroj na espresso

visoka stolica
detská stolička

račun
účet

pladanj
podnos

nož
nôž

vilica
vidlička

žlica
lyžica

čajna žlica
čajová lyžička

ubrus
obrúsok

čaša
pohár

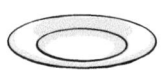

tanjur

tanier

tanjur za supu

hlboký tanier

tanjurić

podšálka

sos

omáčka

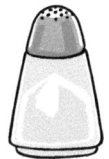

soljenka

soľnička

mlin za biber

mlynček na korenie

ocat

ocot

ulje

olej

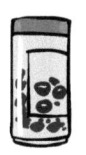

začini

korenie

kečap

kečup

senf

horčica

majoneza

majonéza

supermarket
supermarket

ponuda
špeciálna ponuka
FOR
kupac
klient
mliječni proizvodi
mliečne výrobky
voće
ovocie
kolica za kupnju
nákupný vozík

BUTCHERS

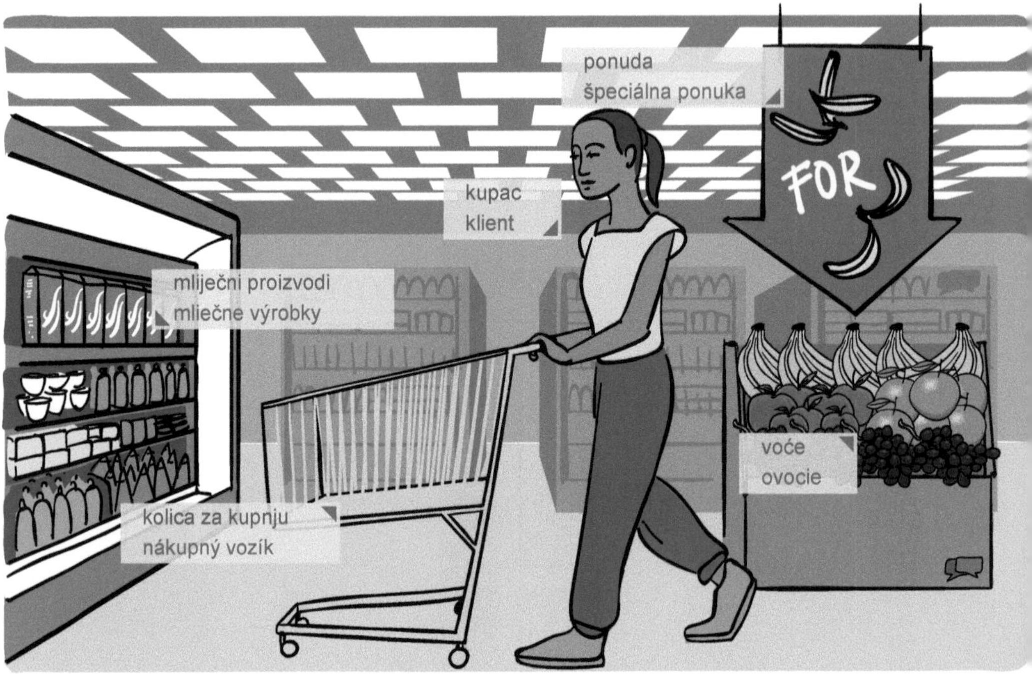

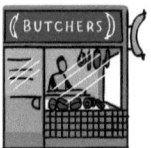

mesnica

mäsiarstvo

BAKERY

pekarnica

pekáreň

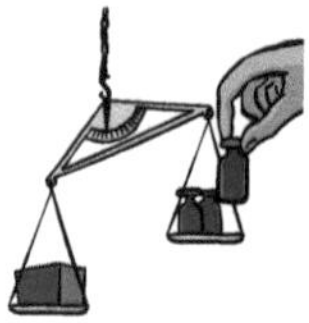

vagati

vážiť

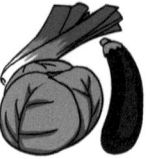

povrće

zelenina

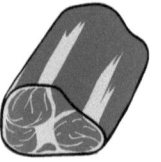

meso

mäso

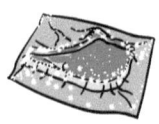

duboko smrznuta hrana

mrazené potraviny

narezak

nárez

konzerve

konzervy

sredstvo za pranje

prací prostriedok

slatkiši

sladkosti

artikli za domaćinstvo

domáce potreby

sredstva za čišćenje

čistiace prostriedky

prodavačica

predavačka

blagajna

pokladňa

blagajnik

pokladník

lista za kupnju

nákupný zoznam

vrijeme rada

otváracie hodiny

novčanik

peňaženka

kreditna kartica

kreditná karta

torba

taška

plastična vrećica

plastové vrecko

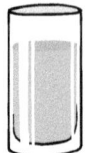

voda
voda

sok
džús

mlijeko
mlieko

cola
kola

vino
víno

pivo
pivo

alkohol
alkohol

kakao
kakao

čaj
čaj

kava
káva

espresso
espresso

cappuccino
kapučíno

banana
banán

jabuka
jablko

naranča
pomaranč

lubenica
melón

limun
citrón

mrkva
mrkva

češnjak
cesnak

bambus
bambus

luk
cibuľa

gljiva
hríb

orašasti plodovi
orechy

rezanci
rezance

špagete

špagety

riža

ryža

salata

šalát

pomfrit

hranolky

pečeni krumpir

pečené zemiaky

pica

pizza

hamburger

hamburger

sendvič

obložený chlebík

šnicla

rezeň

pršut

šunka

salama

saláma

kobasica

klobása

kokoš

kurča

pečenje

pečené mäso

riba

ryba

zobene pahuljice

ovsené vločky

musli

müsli

kukuruzne pahuljice

kukuričné lupienky

brašno

múka

roščić

croissant

pecivo

pečivo

kruh

chlieb

toast

hrianka

keksi

sušienky

maslac

maslo

svježi sir

tvaroh

kolač

koláč

jaje

vajce

jaje na oko

volské oko

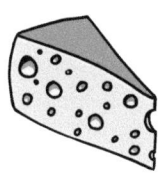

sir

syr

jelo - jedlo

sladoled
....
zmrzlina

šećer
....
cukor

med
....
med

marmelada
....
lekvár

nugat krema
....
nugátová nátierka

curry
....
karí korenie

seosko gazdinstvo
farma

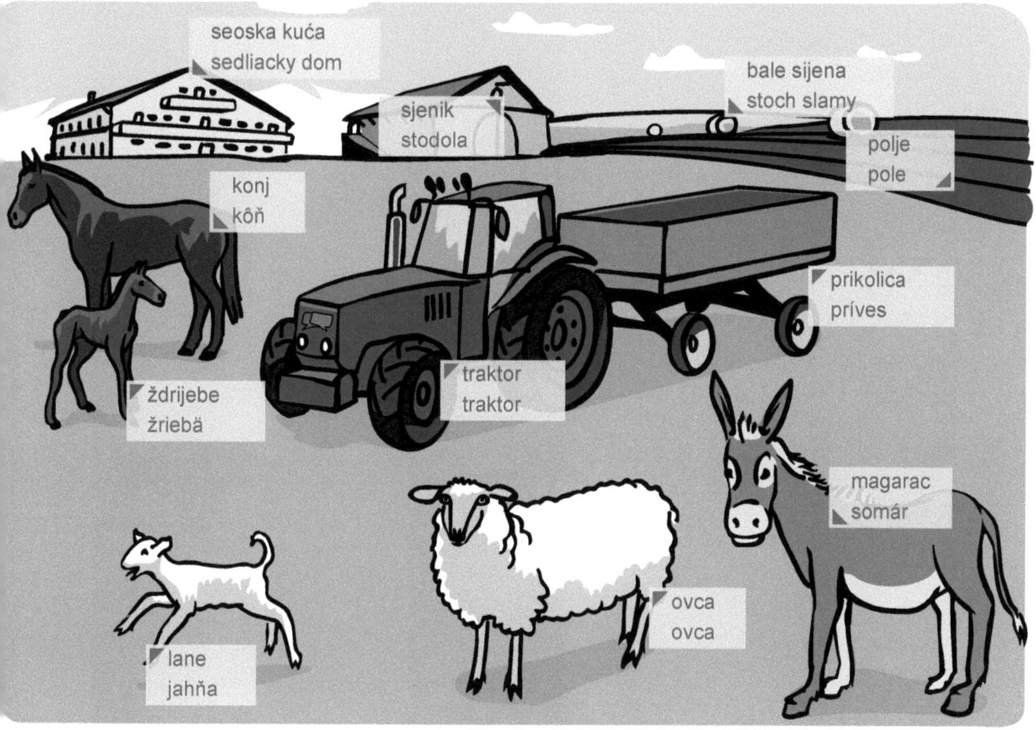
seoska kuća
sedliacky dom
sjenik
stodola
bale sijena
stoch slamy
polje
pole
konj
kôň
prikolica
príves
traktor
traktor
ždrijebe
žriebä
magarac
somár
ovca
ovca
lane
jahňa

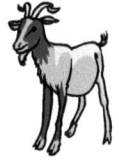

koza

koza

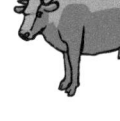

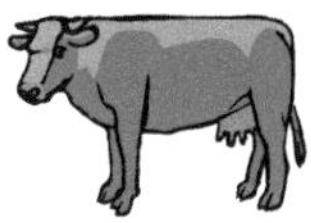

krava

krava

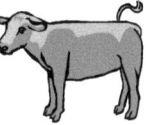

tele

teľa

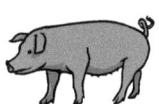

svinja

prasa

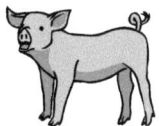

prase

prasiatko

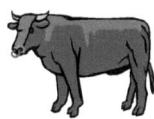

bik

býk

guska
hus

patka
kačica

pilići
kuriatko

kokoš
sliepka

pijetao
kohút

pacov
potkan

mačka
mačka

miš
myš

vol
vôl

pas
pes

kućica za psa
psia búda

vrtno crijevo
záhradná hadica

kanta za polijevanje
krhla

kosa
kosa

plug
pluh

srp

kosák

motika

motyka

vilica za gnojivo

vidly na hnoj

sjekira

sekera

tačke

fúrik

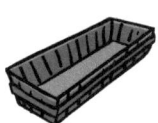

korito

koryto

posuda za mlijeko

kanva na mlieko

vreća

vrece

ograda

plot

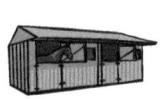

štala

maštaľ

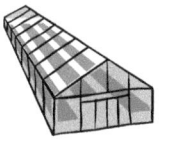

staklenik

skleník

zemlja

pôda

sjeme

osivo

gnojivo

hnojivo

kombajn

kombajn

žanjati

žať

žetva

žatva

yams začin

batát

pšenica

pšenica

soja

sója

krumpir

zemiak

kukuruz

kukurica

uljana repica

repka

voćka

ovocný strom

gomolj manioke

maniok

žitarice

obilie

kuća
dom

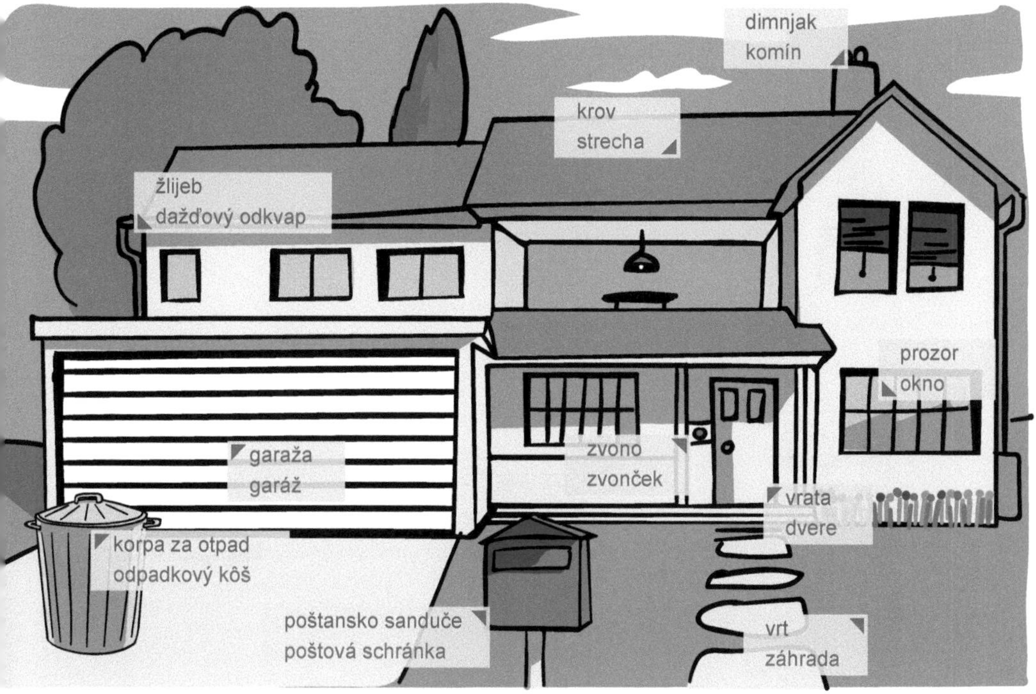
dimnjak
komín
krov
strecha
žlijeb
dažďový odkvap
prozor
okno
garaža
garáž
zvono
zvonček
vrata
dvere
korpa za otpad
odpadkový kôš
poštansko sanduče
poštová schránka
vrt
záhrada

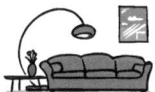

dnevna soba
obývačka

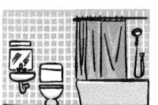

kupaonica
kúpeľňa

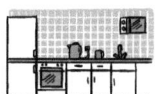

kuhinja
kuchyňa

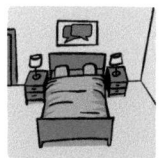

spavaća soba
spálňa

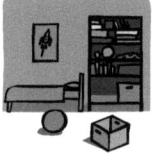

dječija soba
detská izba

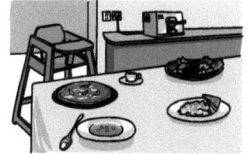

trpezarija
jedáleň

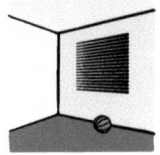

pod
podlaha

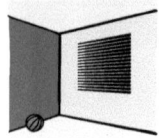

zid
stena

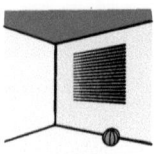

strop
strop

podrum
pivnica

sauna
sauna

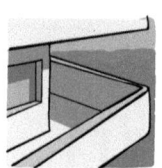

balkon
balkón

terasa
terasa

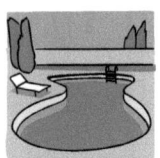

bazen
bazén

kosilica za travu
kosačka

posteljina za krevet
obliečka

deka za krevet
posteľná prikrývka

krevet
posteľ

metla
metla

kanta
vedro

sklopka
vypínač

dnevna soba
obývačka

tapeta
tapeta
slika
obraz
svjetiljka
lampa
regal
regál
ormar
skriňa
televizija
televízor
kamin
kozub
cvijet
kvet
jastuk
vankúš
kauč
pohovka
vaza
váza
daljinski upravljač
diaľkové ovládanie

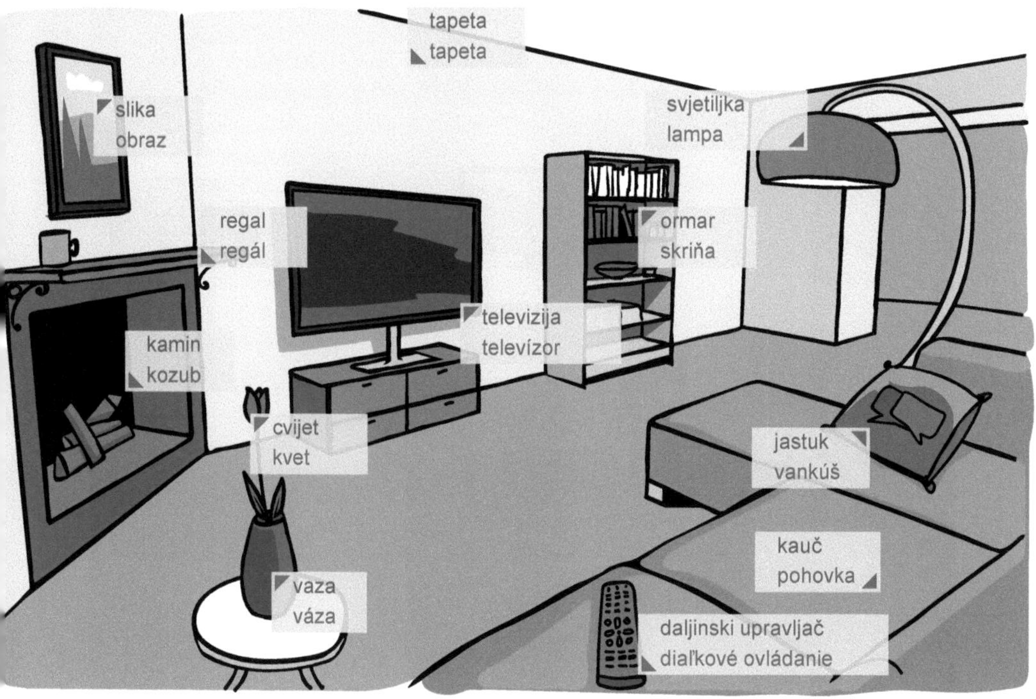

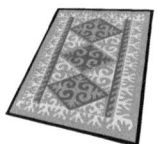

tepih

koberec

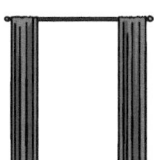

zavjesa

záclona

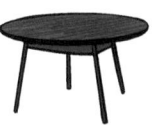

stol

stôl

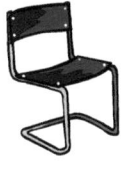

stolica

stolička

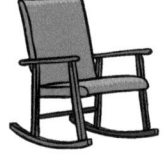

stolica za njihanje

hojdacie kreslo

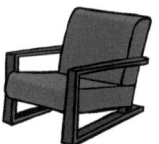

fotelja

kreslo

knjiga

kniha

deka

prikrývka

dekoracija

dekorácia

drvo za ogrjev

drevo na kúrenie

film

film

stereo uređaj

hi-fi veža

ključ

kľúč

novine

noviny

slika na platnu

maľba

poster

plagát

radio

rádio

blok za pisanje

zápisník

usisavač

vysávač

kaktus

kaktus

svijeća

sviečka

kuhinja
kuchyňa

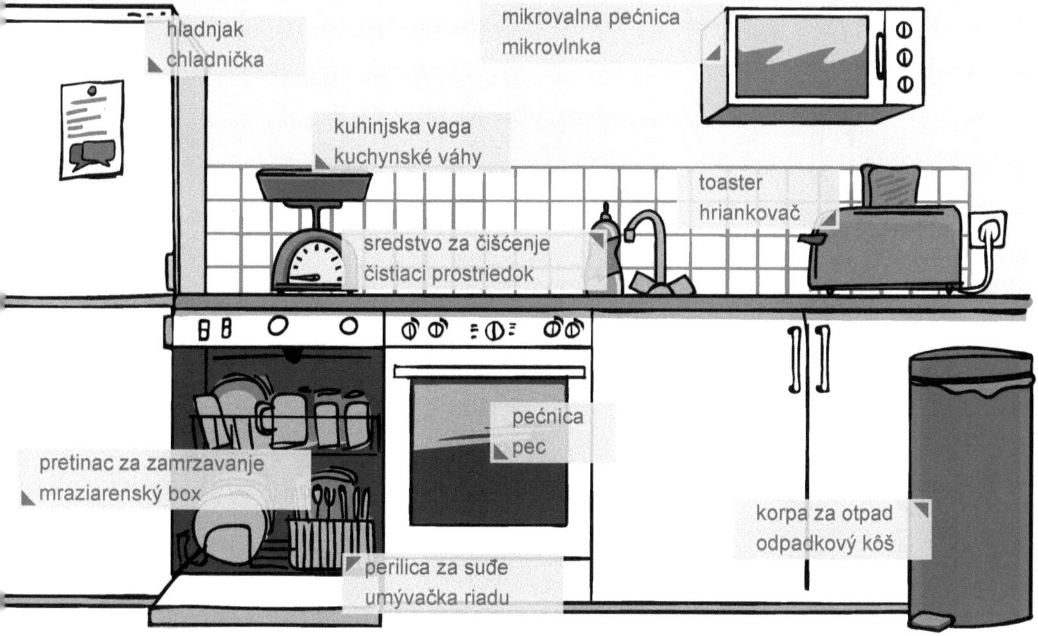
hladnjak
chladnička
mikrovalna pećnica
mikrovlnka
kuhinjska vaga
kuchynské váhy
toaster
hriankovač
sredstvo za čišćenje
čistiaci prostriedok
pećnica
pec
pretinac za zamrzavanje
mraziarenský box
korpa za otpad
odpadkový kôš
perilica za suđe
umývačka riadu

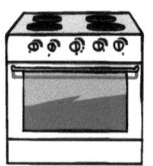

štednjak

sporák

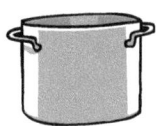

lonac

hrniec

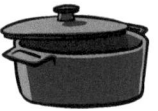

željezni lonac

železný hrniec

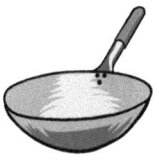

wok / kadai

wok / kadai

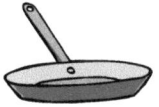

tava

panvica

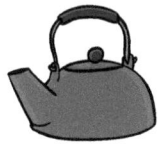

kuhalo za vodu

rýchlovarná kanvica

kuhalo na paru

parný hrniec

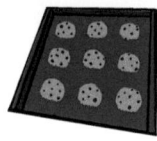

lim za pečenje

plech na pečenie

posuđe

riad

čaša

pohár

zdjela

misa

štapići za jelo

paličky

kutljača

naberačka na polievku

lopatica

stierka

pjenjača

metlička

sito za kuhanje

cedidlo

sito

sitko

ribež

strúhadlo

mužar

mažiar

roštilj

gril

ognjište

ohnisko

daska

doska na krájanie

oklagija

valček na cesto

vadičep

vývrtka

konzerva

konzerva

otvarač konzervi

otvárač na konzervy

krpa za lonac

chňapka

sudoper

výlevka

četka

kefa

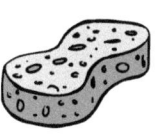

spužva

hubka

mikser

mixér

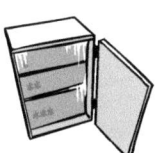

zamrzivač

mraznička

bočica za bebe

kojenecká fľaša

slavina za vodu

vodovodný kohútik

kuhinja - kuchyňa

kupaonica
kúpeľňa

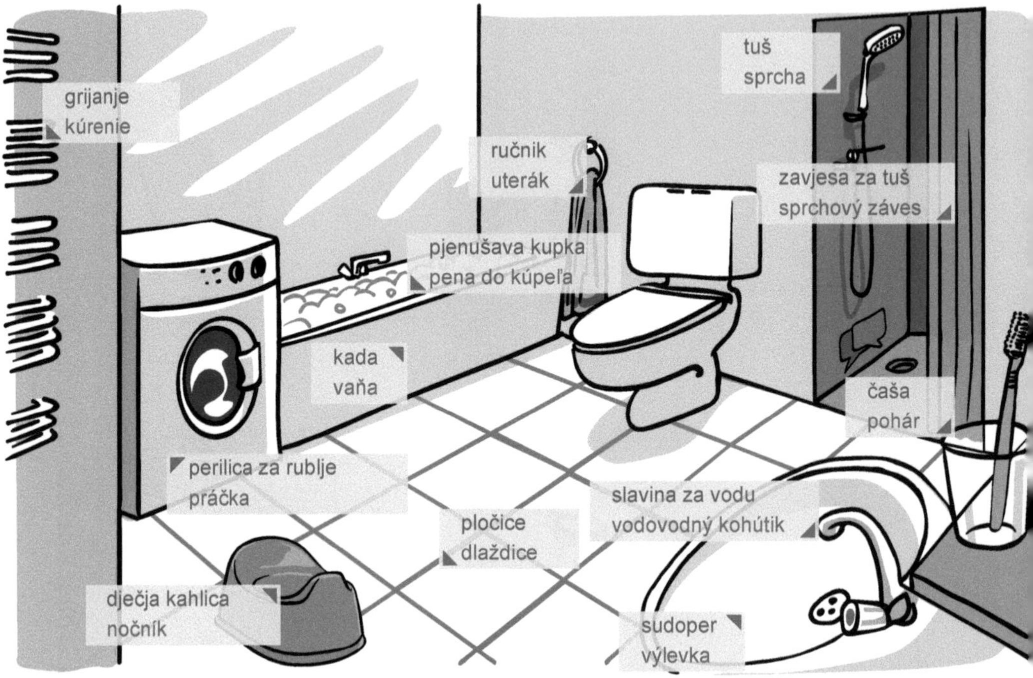
grijanje
kúrenie
tuš
sprcha
ručnik
uterák
zavjesa za tuš
sprchový záves
pjenušava kupka
pena do kúpeľa
kada
vaňa
čaša
pohár
perilica za rublje
práčka
slavina za vodu
vodovodný kohútik
pločice
dlaždice
dječja kahlica
nočník
sudoper
výlevka

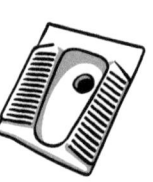

toalet

záchod

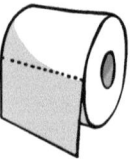

čučavac

suchý záchod

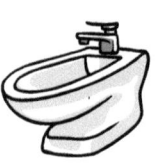

bidet

bidet

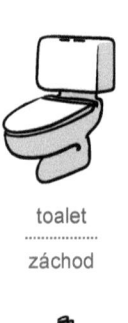

pisoar

pisoár

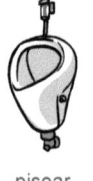

papir za toalet

toaletný papier

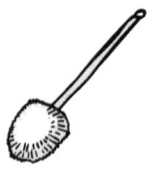

četka za toalet

záchodová kefa

četkica za zube
....
zubná kefka

pasta za zube
....
zubná pasta

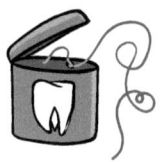

konac za zube
....
dentálna niť

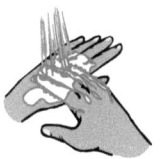

prati
....
umývať

tuš ručica
....
ručná sprcha

tuš za pranje intimnih dijelova
....
sprcha pre intímnu hygienu

lavor
....
umývadlo

četka za pranje leđa
....
kefa na chrbát

sapun
....
mydlo

gel za tuširanje
....
sprchový gél

šampon
....
šampón

krpa za pranje
....
frotírová rukavica

odvod
....
odtok

krema
....
krém

dezodorans
....
dezodorant

ogledalo

zrkadlo

kozmetičko ogledalo

kozmetické zrkadlo

brijač

žiletka

pjena za brijanje

pena na holenie

losion za poslije brijanja

voda po holení

češalj

hrebeň

četka

kefa

sušilo za kosu

sušič vlasov

sprej za kosu

sprej na vlasy

makeup

make-up

ruž za usne

rúž

lak za nokte

lak na nechty

vata

vata

škare za nokte

nožnice na nechty

parfem

parfum

neseser
kozmetická taška

stolica
stolček

vaga
váha

ogrtač
kúpací plášť

rukavice za čišćenje
gumové rukavice

tampon
tampón

uložak
menštruačná vložka

kemijski toalet
chemické WC

dječija soba

detská izba

budilnik
budík
plišana igračka
plyšová hračka
auto igračka
hračkárske auto
zvečka
hrkálka
kućica za lutke
domček pre bábiky
poklon
dar

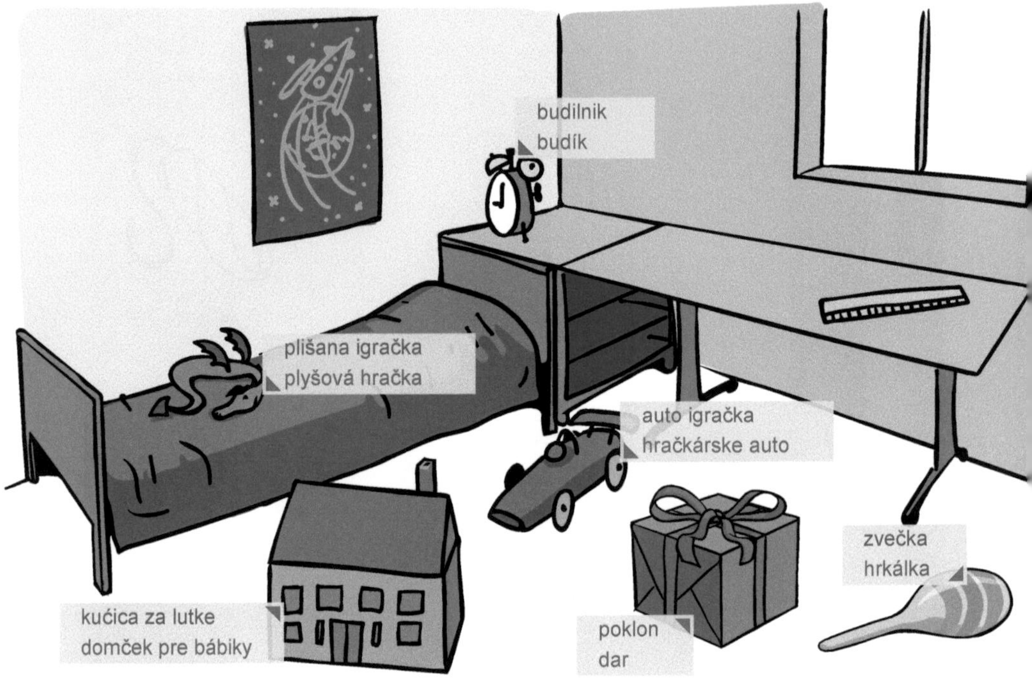

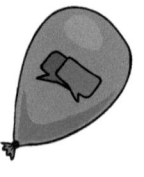

balon

balón

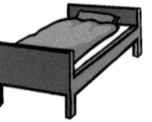

krevet

posteľ

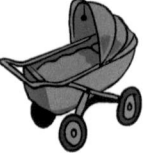

dječija kolica

detský kočík

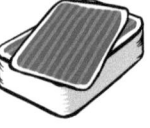

igra s kartama

karty

slagalica

puzzle

SUPER
MEGA

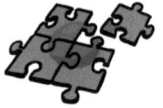

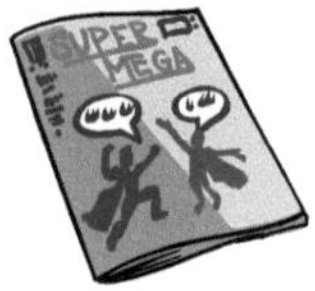

strip

komix

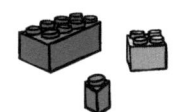

lego kockice

skladačka lego

kockice za slaganje

stavebnica

akcioni junak

akčná postavička

kombinezon za bebe

dupačky

frizbi

lietajúci tanier

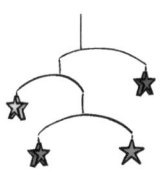

viseće igračke

závesné hračky

društvene igre

stolová hra

kocka

kocka

minijaturna željeznica

modelový vláčik

duda

cumlík

tulum

párty

slikovnica

obrázková kniha

lopta

lopta

lutka

bábika

igrati

hrať sa

pješčanik

pieskovisko

ljuljačka

hojdačka

igračka

hračky

konzola za igre

hracia konzola

tricikl

trojkolka

plišani medo

medvedík

ormar

šatník

odjeća

šatstvo

kratke čarape

ponožky

čarape

pančuchy

hulahopke

pančuchové nohavičky

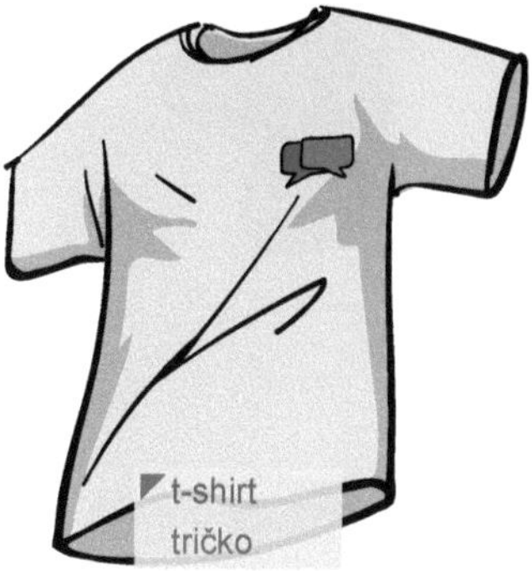

šal
šál

kaiš
opasok

kišobran
dáždnik

t-shirt
tričko

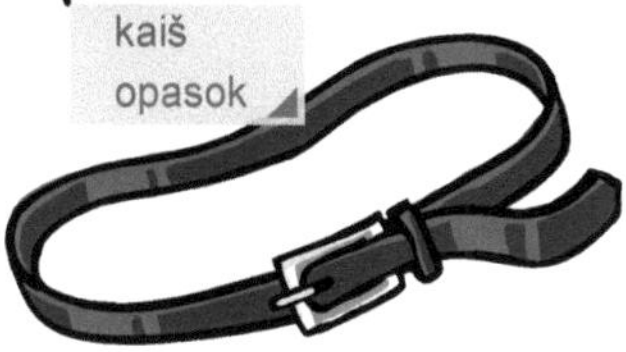

čizme
čižmy

papuče
papuče

patike
tenisky

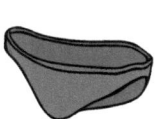

sandale
sandále

cipele
topánky

gumene čizme
gumáky

gaćice
spodky

grudnjak
podprsenka

potkošulja
tielko

bodi
body

hlače
nohavice

džins
džínsy

haljina
sukňa

bluza
blúzka

košulja
košeľa

džemper
pulóver

pulover s kapuljačom
sveter

blejzer
blejzer

jakna
bunda

kaput
kabát

kabanica
pršiplášť

kostim
kostým

haljina
šaty

vjenčanica
svadobné šaty

odijelo
oblek

spavaćica
nočná košeľa

pidžama
pyžamo

sari
sari

rubac
šatka na hlavu

turban
turban

burka
burka

kaftan
kaftan

abaja
abaja

kupaći kostim
dvojdielne plavky

kupaće gaćice
plavky

kratke hlače
šortky

odjeća za trening
tepláková súprava

pregača
zástera

rukavice
rukavice

gumb

gombík

naočale

okuliare

narukvica

náramok

ogrlica

retiazka

prsten

prsteň

naušnica

náušnica

kapa

čiapka

vješalica

vešiak

šešir

klobúk

kravata

kravata

patent zatvarač

zips

kaciga

prilba

naramenice

traky

školska uniforma

školská uniforma

uniforma

uniforma

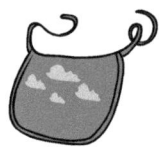

podbradak

podbradník

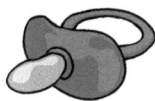

duda

cumlík

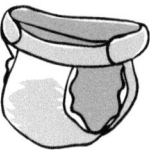

pelena

plienka

ured

kancelária

server
server
ormar za spise
skriňa na spisy
pisač
tlačiareň
papir
papier
monitor
monitor
miš
myš
pisaći stol
písací stôl
mapa
zakladač
tipkovnica
klávesnica
košara za papir
kôš na papier
računar
počítač
stolica
stolička

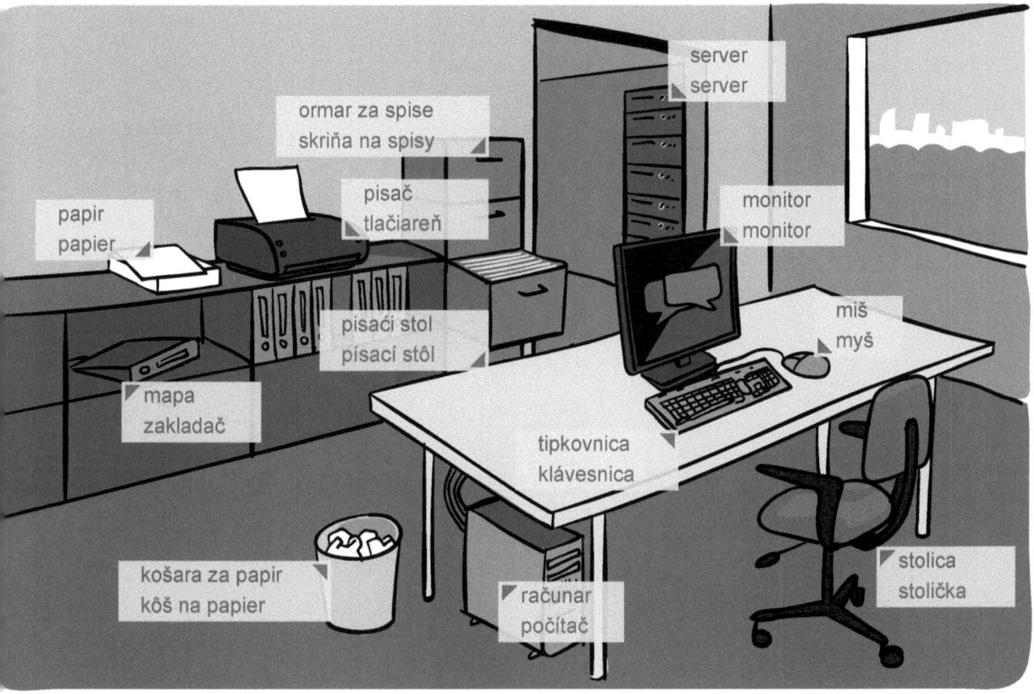

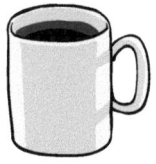

šalica za kavu

hrnček na kávu

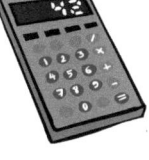

kalkulator

kalkulačka

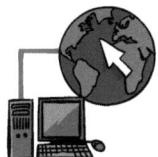

internet

internet

laptop

laptop

pismo

list

poruka

správa

mobilni telefon

mobil

mreža

sieť

uređaj za kopiranje

kopírka

softver

softvér

telefon

telefón

utičnica

elektrická zásuvka

faks

fax

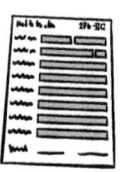

obrazac

formulár

dokument

doklad

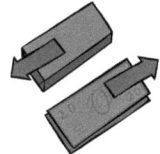

kupovati
kúpiť

platiti
platiť

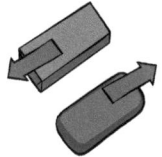

trgovati
obchodovať

novac
peniaze

dolar
dolár

euro
euro

jen
jen

rubalj
rubeľ

švicarski franak
švajčiarsky frank

renmindbi yuan
čínsky jüan

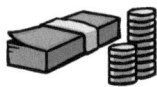

rupija
rupia

automat za novac
bankomat

mjenjačnica

zmenáreň

zlato

zlato

srebro

striebro

nafta

ropa

energija

energia

cijena

cena

ugovor

zmluva

porez

daň

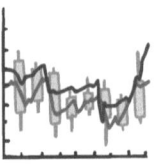

dionica

akcia

raditi

pracovať

službenik

zamestnanec

poslodavac

zamestnávateľ

tvornica

továreň

prodavaonica

obchod

zanimanja
povolania

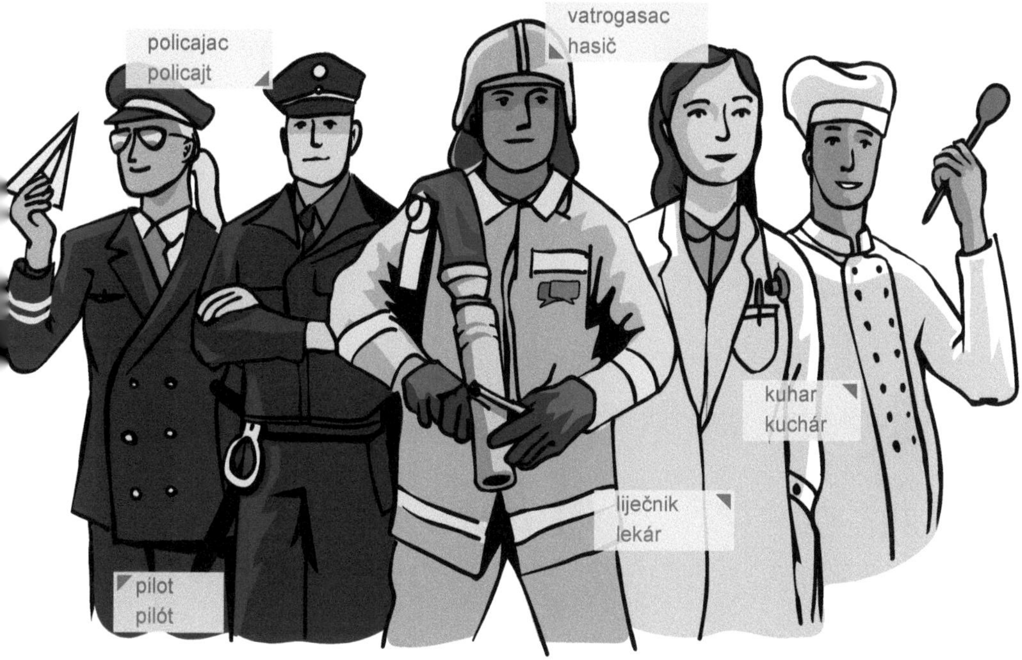
policajac
policajt
vatrogasac
hasič
kuhar
kuchár
liječnik
lekár
pilot
pilót

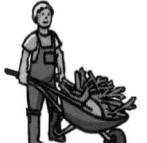

vrtlar
záhradník

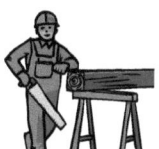

stolar
stolár

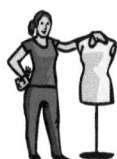

krojačica
krajčírka

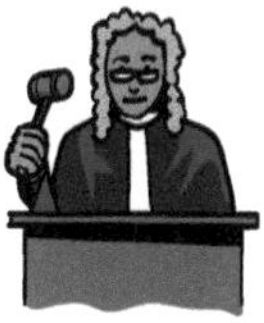

sudija
sudca

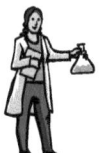

kemičar
chemik

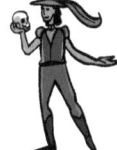

glumac
herec

vozač autobusa

vodič autobusu

vozač taksija

taxikár

ribar

rybár

čistačica

upratovačka

krovopokrivač

pokrývač

konobar

čašník

lovac

poľovník

slikar

maliar

pekar

pekár

električar

elektrikár

građevinski radnik

stavebný robotník

inženjer

inžinier

mesar

mäsiar

limar

klampiar

poštar

poštár

vojnik

vojak

arhitekta

architekt

blagajnik

pokladník

cvjećar

kvetinár

frizer

kaderník

kondukter

sprievodca

mehaničar

mechanik

kapetan

kapitán

zubar

zubár

znanstvenik

vedec

rabi

rabín

imam

imám

monah

mních

svećenik

farár

alati
náradie

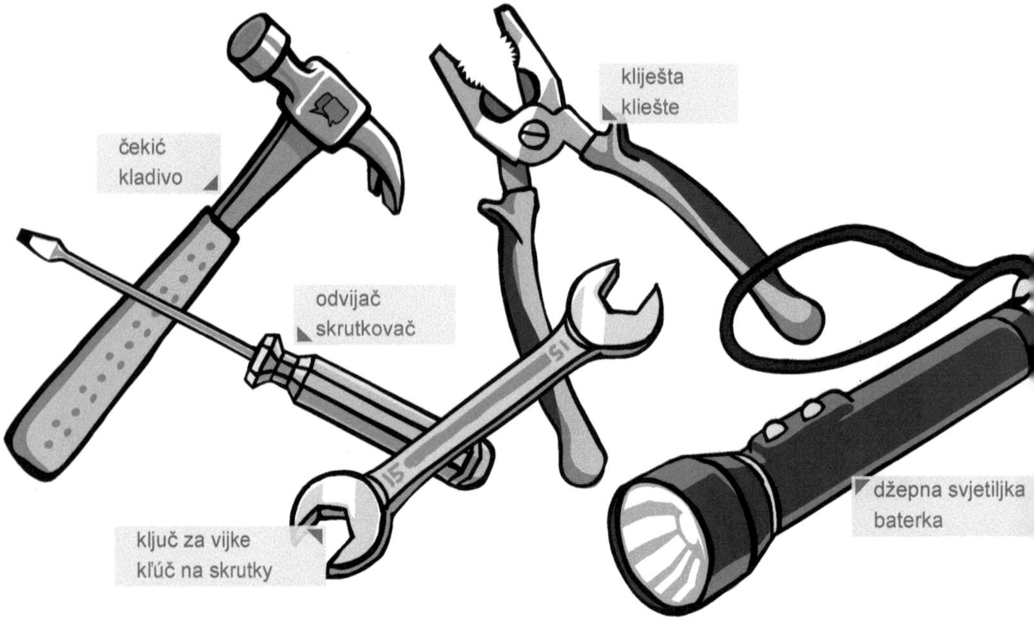
čekić
kladivo
kliješta
kliešte
odvijač
skrutkovač
ključ za vijke
kľúč na skrutky
džepna svjetiljka
baterka

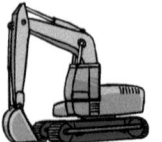

rovokopač

bager

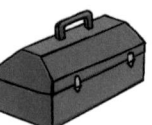

kutija za alat

súprava náradia

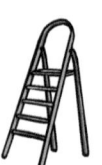

ljestve

rebrík

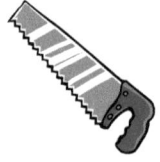

pila

pílka

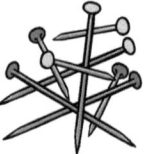

ekser

klince

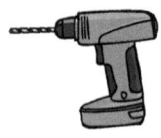

bušilica

vrták

popraviti
opraviť

lopata
lopata

Sranje!
Do čerta!

lopatica
lopatka na smeti

lonac za boju
nádoba s farbou

vijci
skrutky

glazbeni instrument
hudobné nástroje

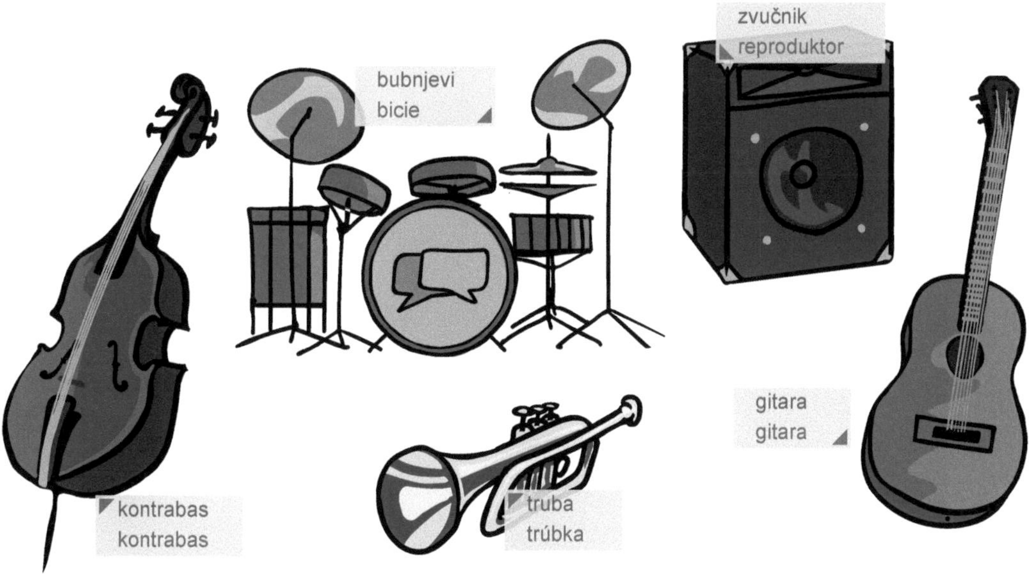

bubnjevi
bicie

zvučnik
reproduktor

gitara
gitara

kontrabas
kontrabas

truba
trúbka

klavir

klavír

violina

husle

bas

basa

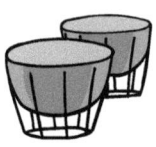

timpani

tympany

udaraljke za bubnjeve

bubon

keyboard

klávesnica

saksofon

saxofón

flauta

flauta

mikrofon

mikrofón

glazbeni instrument - hudobné nástroje

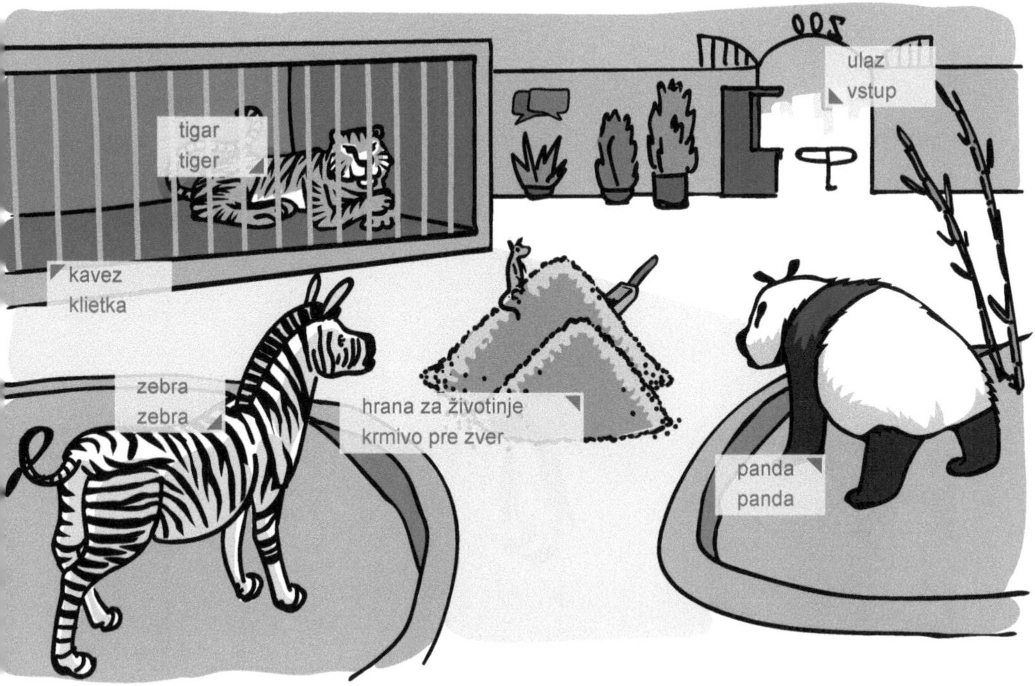

tigar
tiger

ulaz
vstup

kavez
klietka

zebra
zebra

hrana za životinje
krmivo pre zver

panda
panda

životinje
zvieratá

slon
slon

kengur
klokan

nosorog
nosorožec

gorila
gorila

medvjed
medveď

kamila
ťava

noj
pštros

lav
lev

majmun
opica

flamingo
plameniak

papagaj
papagáj

polarni medvjed
ľadový medveď

pingvin
tučniak

ajkula
žralok

paun
páv

zmija
had

krokodil
krokodíl

čuvar u zoološkom vrtu
ošetrovateľ v ZOO

tuljan
tuleň

jaguar
jaguár

poni
poník

leopard
leopard

nilski konj
hroch

žirafa
žirafa

orao
orol

divlja svinja
diviak

riba
ryba

kornjača
korytnačka

morž
mrož

lisica
líška

gazela
gazela

americki nogomet
americký futbal

biciklizam
cyklistika

tenis
tenis

košarka
basketbal

plivanje
plávanie

hockey na ledu
hokej

boks
box

nogomet	badminton	atletika
futbal	bedminton	ľahká atletika

rukomet	skijanje	polo
hádzaná	lyžovanie	pólo

skočiti
skočiť

zagrliti
objať

smijati se
smiať sa

ići
chodiť

pjevati
spievať

moliti se
modliť sa

sanjati
snívať

poljubiti
pobozkať

pisati
písať

crtati
kresliť

pokazati
ukázať

gurati
tlačiť

dati
dať

uzeti
brať

imati
....
mať

činiti
....
robiť

biti
....
byť

stojati
....
stáť

trčati
....
bežať

povlačiti
....
ťahať

baciti
....
hádzať

padati
....
padnúť

ležati
....
ležať

čekati
....
čakať

nositi
....
nosiť

sjediti
....
sedieť

oblačiti
....
obliecť sa

spavati
....
spať

probuditi se
....
zobudiť sa

gledati

pozerať

plakati

plakať

milovati

hladkať

češljati

česať

govoriti

hovoriť

razumjeti

rozumieť

pitati

pýtať sa

slušati

počuť

piti

piť

jesti

jesť

pospremiti

upratať

voljeti

milovať

kuhati

variť

voziti

jazdiť

letjeti

letieť

ploviti

plachtiť

računati

počítať

čitati

čítať

učiti

učiť sa

raditi

pracovať

vjenčati se

oženiť

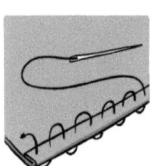

šiti

šiť

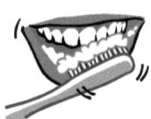

prati zube

čistiť zuby

ubiti

zabiť

pušiti

fajčiť

poslati

poslať

baka
stará mama

djed
starý otec

otac
otec

majka
mama

beba
bábo

kćerka
dcéra

sin
syn

gost

hosť

tetka

teta

ujak, stric

strýko

brat

brat

sestra

sestra

čelo
čelo

oko
oko

rame
plece

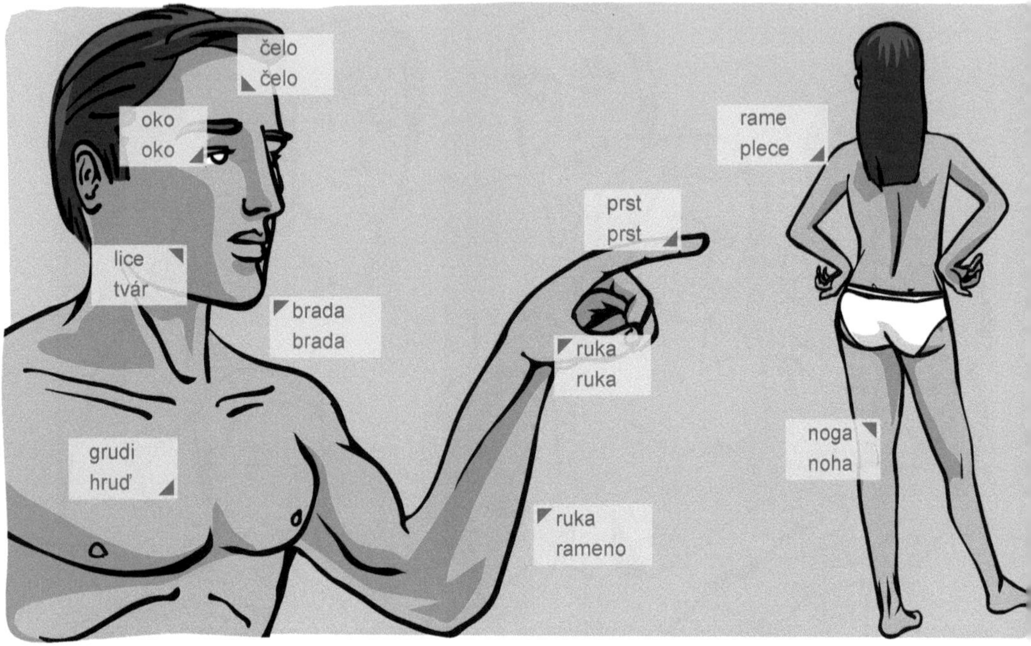

prst
prst

lice
tvár

brada
brada

ruka
ruka

grudi
hruď

noga
noha

ruka
rameno

	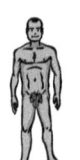	
beba	muškarac	žena
bábo	muž	žena

djevojčica	dječak	glava
dievča	chlapec	hlava

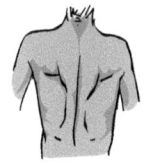

leđa
chrbát

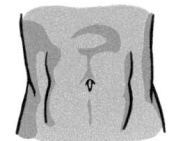

trbuh
brucho

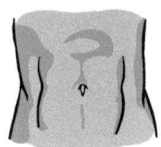

pupak
pupok

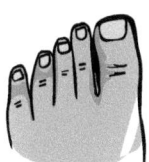

nožni prst
prst na nohe

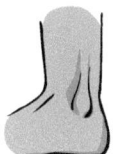

peta
päta

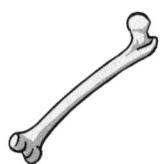

kost
kosť

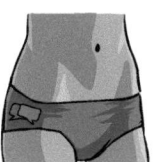

kuk
bok

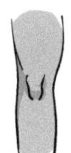

koljeno
koleno

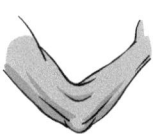

lakat
lakeť

nos
nos

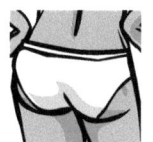

stražnjica
zadok

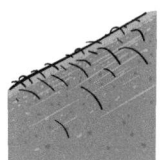

koža
koža

obraz
líce

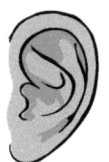

uho
ucho

usna
pery

usta
ústa

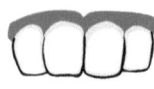

zub
zub

jezik
jazyk

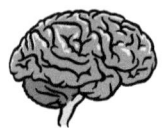

mozak
mozog

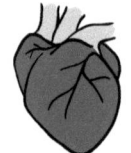

srce
srdce

mišić
svaly

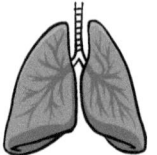

pluća
pľúca

jetra
pečeň

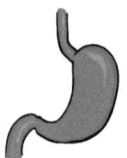

želudac
žalúdok

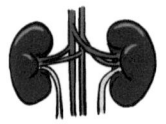

bubrezi
obličky

snošaj
pohlavný styk

kondom
kondóm

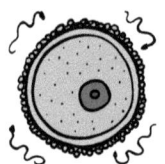

jajna stanica
vaječná bunka

sperma
semeno

trudnoća
tehotenstvo

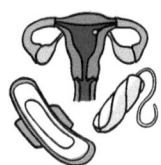

menstruacija

menštruácia

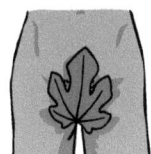

vagina

vagína

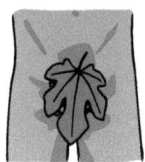

penis

penis

obrva

obočie

kosa

vlasy

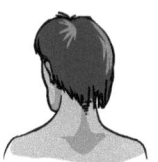

vrat

krk

bolnica
nemocnica

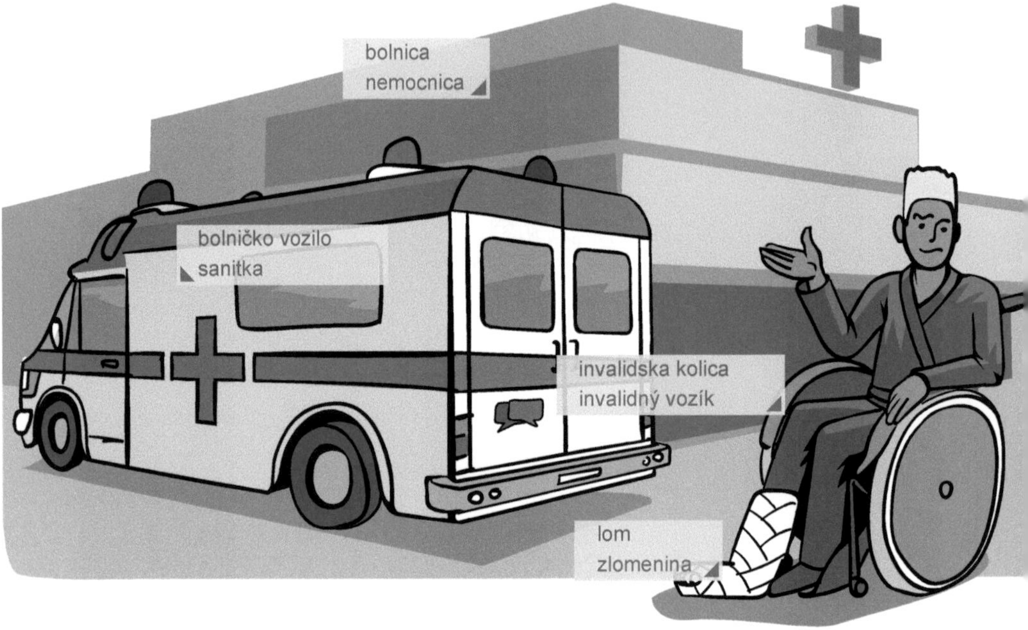

bolnica
nemocnica
bolničko vozilo
sanitka
invalidska kolica
invalidný vozík
lom
zlomenina

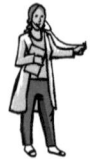

liječnik

lekár

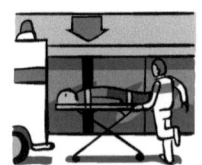

hitna medicinska služba

urgentný príjem

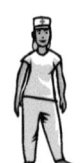

medicinska sestra

sestrička

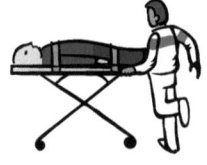

hitni slučaj

urgentný prípad

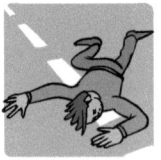

nesvijest

v bezvedomí

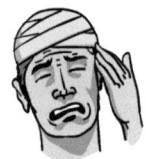

bol

bolesť

ozljeda

zranenie

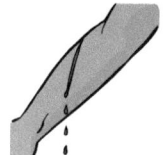

krvarenje

krvácanie

srćani infarkt

srdcový infarkt

možasdani udar

mozgová porážka

alergija

alergia

kašalj

kašeľ

groznica

teplota

gripa

chrípka

proljev

hnačka

glavobolja

bolesť hlavy

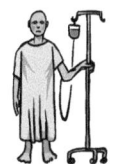

rak

rakovina

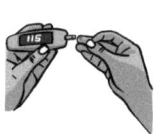

dijabetes

cukrovka

kirurg

chirurg

skalpel

skalpel

operacija

operácia

ct
CT

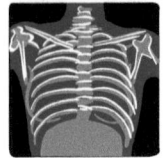

rentgen
RTG

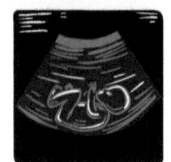

ultrazvuk
ultrazvuk

maska
maska

bolest
choroba

čekaonica
čakáreň

štaka
barla

flaster
náplasť

zavoj
obväz

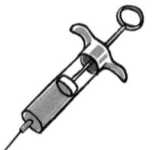

injekcija
injekcia

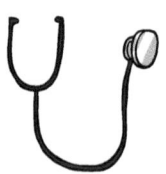

stetoskop
fonendoskop

nosilo
nosidlá

termometar
teplomer

rođenje
pôrod

prekomjerna težina
nadváha

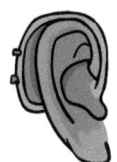

slušni aparat
audiofón

sredstvo za dezinfekciju
dezinfekčný prostriedok

infekcija
infekcia

virus
vírus

hiv / sida
HIV / AIDS

medicina
medicína

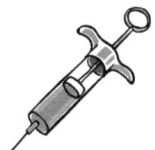

vakcinacija
očkovanie

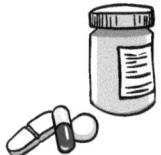

tablete
tabletky

pilula
antikoncepčná pilulka

poziv u pomoć
tiesňové volanie

uređaj za mjerenje tlaka
tlakomer

bolesno / zdravo
chorý / zdravý

pomoć!

Pomoc!

alarm

alarm

nasrtaj

prepad

napad

útok

opasnost

nebezpečenstvo

izlaz za nuždu

núdzový východ

požar!

Horí!

vatrogasni aparat

hasičský prístroj

nezgoda

nehoda

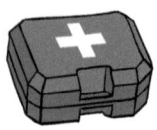

kofer prve pomoći

kufrík prvej pomoci

sos

SOS

policija

polícia

Europa

Európa

sjeverna amerika

Severná Amerika

južna amerika

Južná Amerika

Afrika

Afrika

Azija

Ázia

Australija

Austrália

Atlantik

Atlantický oceán

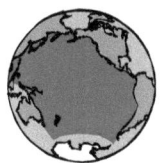

Pacifik

Tichý oceán

ocean

Indický oceán

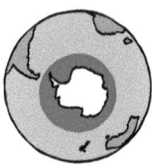

antarktički ocean

Južný oceán

arktički ocean

Severný ľadový oceán

sjeverni pol

Severný pól

južni pol

Južný pól

Antarktik

Antarktída

zemlja

Zem

zemlja

krajina

more

more

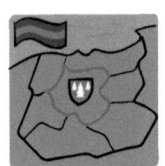

otok

ostrov

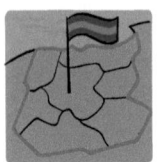

nacija

národ

država

štát

brojčanik sata
ciferník

satna kazaljka
hodinová ručička

minutna kazaljka
minútová ručička

sekundna kazaljka
sekundová ručička

Koliko je sati?
Koľko je hodín?

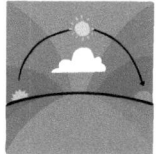

dan
deň

vrijeme
čas

sada
teraz

digitalni sat
digitálne hodiny

minuta
minúta

sat
hodina

tjedan
týždeň

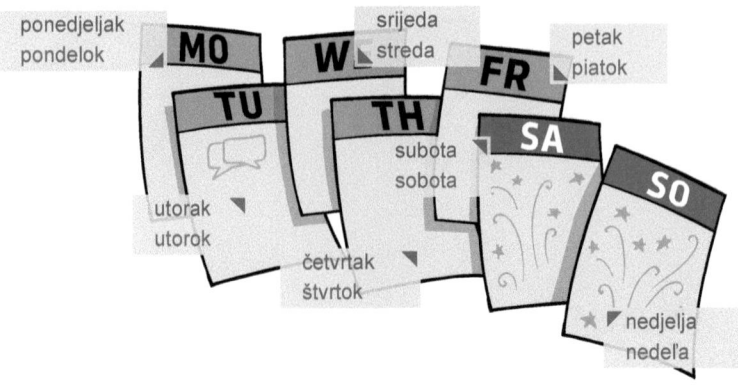

ponedjeljak
pondelok

srijeda
streda

petak
piatok

utorak
utorok

četvrtak
štvrtok

subota
sobota

nedjelja
nedeľa

jučer

včera

danas

dnes

sutra

zajtra

jutro

ráno

podne

poludnie

večer

večer

MO	TU	WE	TH	FR	SA	SU
1	2	3	4	5	6	7
8	9	10	11	12	13	14
15	16	17	18	19	20	21
22	23	24	25	26	27	28
29	30	31	1	2	3	4

radni dani

pracovné dni

MO	TU	WE	TH	FR	SA	SU
1	2	3	4	5	6	7
8	9	10	11	12	13	14
15	16	17	18	19	20	21
22	23	24	25	26	27	28
29	30	31	1	2	3	4

vikend

víkend

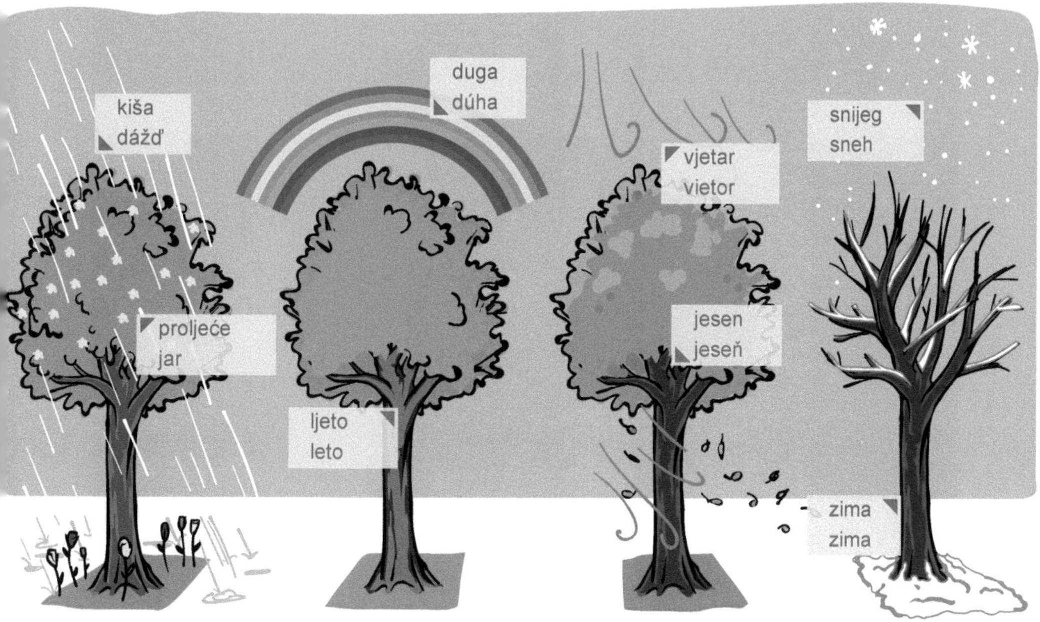

kiša
dážď

duga
dúha

vjetar
vietor

snijeg
sneh

proljeće
jar

ljeto
leto

jesen
jeseň

zima
zima

meteorološka prognoza

predpoveď počasia

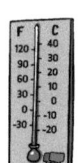

termometar

teplomer

sunčana svjetlost

slnečný svit

oblak

oblak

magla

hmla

vlažnost zraka

vlhkosť vzduchu

munja
blesk

grmljavina
hrom

oluja
búrka

tuča
krúpy

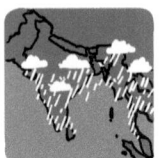

monsun
monzún

poplava
záplava

led
ľad

siječanj
január

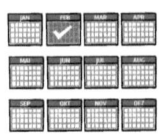

veljača
február

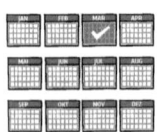

ožujak
marec

travanj
apríl

svibanj
máj

lipanj
jún

srpanj
júl

kolovoz
august

godina - rok

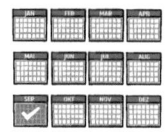

rujan
....
september

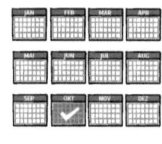

listopad
....
október

studeni
....
november

prosinac
....
december

tvary

krug
....
kruh

kvadrat
....
štvorec

pravokutnik
....
obdĺžnik

trokut
....
trojuholník

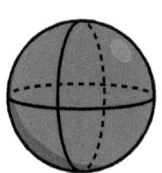

kugla
....
guľa

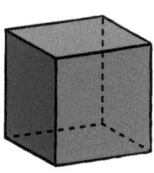

kocka
....
kocka

bijela
....
biela

žuta
....
žltá

narančasta
....
oranžová

ružičasta
....
ružová

crvena
....
červená

ljubičasta
....
fialová

plava
....
modrá

zelena
....
zelená

smeđa
....
hnedá

siva
....
šedá

crna
....
čierna

mnogo / malo
veľa / málo

ljutito / mirno
zúrivý / pokojný

lijepo / ružno
pekný / škaredý

početak / kraj
začiatok / koniec

veliko / maleno
veľký / malý

svijetlo / tamno
svetlý / tmavý

brat / sestra
brat / sestra

čisto / prljavo
čistý / špinavý

potpuno / nepotpuno
úplný / neúplný

dan / noć
deň / noc

mrtvo / živo
mŕtvy / živý

široko / usko
široký / úzky

jestivo / nejestivo

chutný / nechutný

zlo / dobro

zlostný / láskavý

uzbuđeno / dosadno

vzrušený / unudený

debelo / mršavo

tlstý / chudý

na početku / na kraju

prvý / posledný

prijatelj / neprijatelj

priateľ / nepriateľ

puno / prazno

plný / prázdny

tvrdo / mekano

tvrdý / mäkký

teško / lagano

ťažký / ľahký

glad / žeđ

hlad / smäd

bolesno / zdravo

chorý / zdravý

ilegalno / legalno

nelegálny / legálny

pametno / glupo

inteligentný / hlúpy

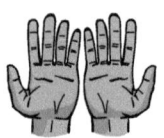

lijevo / desno

vľavo / vpravo

blizu / daleko

blízko / ďaleko

novo / rabljeno

nový / použitý

ništa / nešto

nič / niečo

staro / mlado

starý / mladý

ukljúčeno / iskljúčeno

zapnuté / vypnuté

otvoreno / zatvoreno

otvorené / zatvorené

tiho / glasno

tichý / hlasný

bogato / siromašno

bohatý / chudobný

točno / pogrešno

správne / nesprávne

hrapavo / glatko

drsný / hladký

tužno / sretno

smutný / šťastný

kratko / dugo

krátky / dlhý

polako / brzo

pomaly / rýchlo

mokro / suho

mokrý / suchý

toplo / hladno

teplý / studený

rat / mir

vojna / mier

0	**1**	**2**
nula	jedan	dva
nula	jeden	dva

3	**4**	**5**
tri	četiri	pet
tri	štyri	päť

6	**7**	**8**
šest	sedam	osam
šesť	sedem	osem

9	**10**	**11**
devet	deset	jedanaest
deväť	desať	jedenásť

12
dvanaest

dvanásť

13
trinaest

trinásť

14
četrnaest

štrnásť

15
petnaest

pätnásť

16
šestnaest

šestnásť

17
sedamnaest

sedemnásť

18
osamnaest

osemnásť

19
devetnaest

devätnásť

20
dvadeset

dvadsať

100
stotinu

sto

1.000
tisuću

tisíc

1.000.000
milijun

milión

engleski

angličtina

američko engleski

americká angličtina

kinesko mandarinski

mandarínska čínština

hindi

hindčina

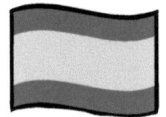

španjolski

španielčina

francuski

francúzština

arapski

arabčina

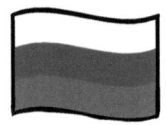

ruski

ruština

portugalski

portugalčina

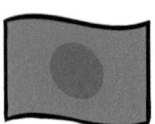

bengalski

bengálčina

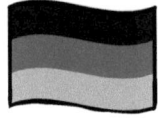

njemački

nemčina

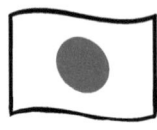

japanski

japončina

ja
ja

ti
ty

on / ona / ono
on/ona/ono

mi
my

vi
vy

oni
oni

tko?
kto?

što?
čo?

kako?
ako?

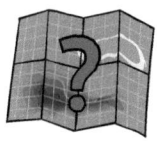

gdje?
kde?

kada?
kedy?

ime
meno

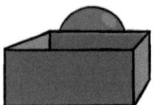

iza

za

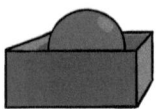

u

v

ispred

pred

preko

nad

na

na

ispod

pod

pored

vedľa

između

medzi

mjesto

miesto